ISBN 978-0-483-79682-9
PIBN 10415414

This book is a reproduction of an important historical work. Forgotten Books uses state-of-the-art technology to digitally reconstruct the work, preserving the original format whilst repairing imperfections present in the aged copy. In rare cases, an imperfection in the original, such as a blemish or missing page, may be replicated in our edition. We do, however, repair the vast majority of imperfections successfully; any imperfections that remain are intentionally left to preserve the state of such historical works.

CONSIDERACIONES

SOBRE EL ORIGEN DEL

NOMBRE DE LOS NÚMEROS EN TAGALOG

POR

Don T. H. Pardo de Tavera

Doctor en Medicina, Alumno diplomado de la Escuela de lenguas Orientales de París, Comisionado científico de S. M., Delegado general de la Société Académique Indo-Chinoise, Miembro fundador corres. de la Sociedad Española de Higiene, Socio de la Antropológica de Berlín y de las Económicas de Filipinas y de Cádiz, Laureado de la Real Academia de Medicina de Madrid, Caballero de la Real órden de Cárlos III, Comendador de la de Cristo de Portugal, etc., etc.

——— (Publicado en "La España Oriental") ———

MANILA
—
Tipo-Litografía de Chofré y .C.ª
Escolta, num. 33
1889

CONSIDERACIONES

SOBRE EL ORIGEN DEL

NOMBRE DE LOS NÚMEROS EN TAGALO

CONSIDERACIONES

SOBRE EL ORIGEN DEL

NOMBRE DE LOS NÚMEROS EN TAGALOG

I

L A idea que me guia al emprender este pequeño estudio, es no solo buscar de que lengua le viene al tagalog el nombre de los números, sino averiguar también, en lo posible, el significado primitivo de las palabras que hoy día significan sola y exclusivamente *una cifra*. Estamos acostumbrados á contar desde nuestros primeros años y no nos hacemos cargo que eso que nos parece tan natural es, en la historia de las razas humanas, un problema resuelto y un paso más en su civilización progresiva. El hombre, sea cualquiera su raza, ha empezado á contar siguiendo el mismo procedimiento: comparando la cantidad, el número que deseaba expresar, con cosas conocidas en las cuales, la forma ó sus divisiones naturales servian, por ser punto de coincidencia único entre ambos, para fijar la atención y señalar la cantidad: lo mismo se hizo para medir. Hoy sabemos cual es la cosa que, por comparación, da su nombre á determinadas medidas; pero si llegara á perderse el significado primitivo, supondriamos que, palmo, pié, pulgada, eran palabras creadas de primera, intención para significar determinadas longitudes. Esto ocurre con nuestra numeración: uno, dos, tres, etc., etc.

solo despiertan en nuestra inteligencia la idea de cifras, porque hemos encontrado en nuestra lengua estas palabras con ese solo sentido, no teniendo conocimiento ni remota idea del proceso seguido para que cada una de esas voces, venidas de otras que en un día representaban un objeto, llegara poco á poco á perder aquella primitiva significación hasta tener solo la de número.

Si queremos que un niño nos comprenda, no le decimos "te daré cinco naranjas" sino que poniendo los cinco dedos de una mano ante sus ojos, ó colocando cinco piedras á su vista, le diremos: "mira, así te daré de naranjas". El niño comprenderá, porque habrá *visto* el número cinco.

Entre las centenares de lenguas nacidas del Gran polinesiano, conocidas hoy día por el nombre de lenguas malayo-polinesianas, las semejanzas de sonidos, de gramáticas y de vocabularios son grandes y la numeración, naturalmente, es la que más demuestra su comunidad de orígen. El número cinco, principalmente, se puede afirmar que se dice de la misma manera en la mayoría de ellas: *lima*. Esta voz significa no solo cinco, como decimos, sino en casi todas estas lenguas también conserva su significado primitivo: la mano. Facil ha sido, por esta comunidad de significación suponer que, en una época primitiva, la mano, por su número de dedos, dió su nombre á la cantidad cinco.

El trabajo que aquí presento tiene aún algunas lagunas que no puedo llenar, porqué solo conozco un pequeño número de lenguas de esa inmensa familia malayo-polinesiana, más vasta todavía que el mismo oceano donde se asientan las numerosas islas en que se habla. Pongo la primera piedra en este estudio, cuyo edificio otros más tarde llevarán á buen fin.

Los tagalog no llegaron á escribir los números con cifras, es decir que, no tenían numeración escrita. La simple enumeración, lo que decimos contar, tiene expresión propia en tagalog, *bilang*, que se dice lo mismo en casi todas las lenguas filipinas; pero no se puede decir número ni tampoco sumar, restar, multiplicar y dividir. No se crea sin embargo, que no sabian estas operaciones aritméticas que, sin números escritos ni nombre propio, las ejecutaban con la ayuda de objetos á que daban un valor variable. Tenían para estas operaciones unos palillos *ad-hoc*, de los cuales no sé decir ni la forma, ni la manera de usarlos y si solo citar los nombres que llevaban en algunas lenguas: en tagalog *olat;* pampango, *kalakal;* ilocano, *rupis.*

En tagalog se nombran los números como sigue:

1.	isá	11.	labinisá
2.	dalawá	12.	labindalawá
3.	tatló	13.	labintatló
4.	ápat	20.	dalawangpóo
5.	limá	30.	tatlongpóo
6.	ánim	100.	sangdáan
7.	pitó	200.	dalawangdáan
8.	waló	1.000.	sanglíbu
9.	siám	10.000.	sanglaksa
10.	sangpóo	100.000.	sangyóta.

Parece ser que no ha sido siempre esta la denominación de los números en tagalog, al menos hasta la cifra diez, porque el Padre San Lucar dice en su Diccionario que la manera antigua que los tagalog tenían de llamar sus números, era esta:

1.	isain	6.	kala
2.	duain	7.	manapit
3.	mampat	8.	saga
4.	agyó	9.	bulair
5.	tongdong	10.	foro.

La siguiente es una numeración que me ha sido comunicada por el Sr. Serrano Lactao, de indiscutible competencia en la lengua tagalog, y que le fué á su vez comunicada por una persona de la isla de Marinduque que pretende es la antigua numeración tagalog:

1.	isakán	6.	kibad
2.	dawakán	7.	bayabad
3.	tolokán	8.	kompis
4.	patán	9.	kuyapis
5.	bonlod	10.	pok.

En la primera de estas numeraciones me parece ver aplicado al tres, un nombre que debía corresponder al cuatro: es posible que fuera un error de imprenta. Puesto que tales nombres no se usan hoy en tagalog no nos ocuparemos de ellos; haciendo solamente notar la semejanza de los cuatro primeros nombres con los del tagalog de hoy.

II

ISA, uno. En los pueblos primitivos, el primer paso en la numeración se redujo á señalar dos números, si se puede decir así: *uno* y *varios*, lo que en gramática llamamos singular y plural. Este ha sido el principio de la contabilidad. El término tan general, varios ó muchos, aplicado á todo lo que era más de uno, á medida que fueron creándose términos propios para determinar dos, tres, etc., etc., fué perdiendo la significación de las nuevas cifras y señalando desde aquella á donde había llegado la numeración hasta el infinito. Hoy mismo se ven pueblos en el Africa que cuentan así: uno, dos, tres, muchos; es decir que, en cuatro principia para ellas lo incontable. Otros llegan á cinco, á diez y para mayores números emplean la voz muchos, cuya significación se ha ido retirando, ó con más propiedad, reduciendo á medida de la aparición de nuevos términos de significación más particular: lo mismo al fin, que todas las palabras de sentido muy general cuya significación se precisa más de día en día y se limita á medida de los adelantos de las lenguas.

Acabamos de decir que la primera numeración se redujo á señalar *uno* y *varios*: mejor sería decir *solo* y *varios*. Efectivamente en sandwich, *tahi*, que quiere decir uno, significa asimismo *solo* y el *mar*. En tahitiano *táa*, significa solo, y por extensión, separado y no casado, soltero: lo mismo en samoa, en que hoy día se dice, *tasi*, uno; pero se conserva al mismo tiempo la voz *sa* con las significaciones de, alguno, alguien, uno. En tagalog *isa* significa también solo: la vocal *i* es una partícula antepuesta á los sustantivos y adjetivos en muchas lenguas malayo-polinesianas.

En malayo, uno, se expresa por la voz *satu* que, según Crawfurd, es una contracción de *sa-batu*, una piedra, lo mismo que el javanés *sidji* de *sa-bidji*, un grano, lo cual me parece viene en apoyo de lo que acabo de decir: la idea de uno expresada por *sa*, se confirma y como se particulariza haciéndola seguir de una expresión que significa un objeto único que no recuerde más que la cantidad uno. El Abate Favre dice en su diccionario que *sa* es una contracción de *satu* como si desconociera la formación de esta palabra, cuya explicación sin embargo, da en su gramática malaya, impresa un año después que el diccionario.

DALAWA, dos. Es una palabra compuesta de *da*, partícula enunciativa, trasformación de *sa* de una forma más antigua, y de *lawa*.

Se ha observado en muchas lenguas malayo-polynesianas que el nombre de los números va precedido de una letra ó sílaba que los gramáticos llaman partícula enunciativa. En la lengua de Tahiti esta partícula es *a*, desde el número 1 al 10 inclusive: de 20 á 99 es *e*, y más adelante vuelve á ser *a*. En la lengua de Timor Laut la vocal *e* precede los números de 1 á 10. Entre las lenguas filipinas, en pampango se dice *addua* (2), *atlú* (3), *apat* (4), *anim* (6), *apulu* (10). En la lengua de Guebé esta partícula es una sílaba, *pi*, desde 1 á 9. Keane dice que la significación de tal enunciativa es sencillamente "uno". Algunas formas más completas que los nombres de números que acabamos de citar explican claramente la interpretación de Keane: sin salir del tagalog citaremos *sangpowo* por *sa-powo*, *sangdaan*, *sanglibo*. En bicol, *sangpolo*, *sangpolo kag saró* etc., etc. Es pues evidente que las partículas enunciativas de los numerales son restos, trasformaciones de una palabra que significó el número uno en una época en que la significación concreta de la cosa que se nombraba para repre-

sentar con ella una de sus cualidades, el número ó la
cantidad, no había aún desaparecido. Después, cuando
la significación secundaria, la de cifra, fué como acli-
matándose hasta el punto de hacer olvidar en algunas
lenguas el significado primitivo, el de cosa que en cada
número nos proponemos buscar, entonces también se fué
olvidando el oficio del numeral delante del numeral, porque ya no hacía falta, sufriendo en algunos nombres
cambios eufónicos que obedecían á *modos*, á vicios de
pronunciación y llegando á desaparecer en otros. Keane
hace observar la forma *esefulu* del samoa, que significa
un-un-diez: en filipinas el ilocano nos presta ejemplos se-
mejantes en *sang-a-pulo* (10), *sang-a-gasut* (100), *sang-a-ribu*
(1.000), que significan un-undiez, un-unciento, un-unmil
(permítaseme esta manera de escribir que espresa mejor una idea). Es digna de mencionarse una forma del
bisaya, *napulu ka libu*: *na* y *ka* representan dos trasformaciones distintas de la misma partícula enunciativa.
También vemos en la misma lengua *isa-ka-gatos* (100),
isa ka libo (1.000) que significan realmente, un unciento,
un unmil. Solo me falta añadir, después de demostra-
dos la existencia y el significado de la partícula enunciativa, que *da*, en *dalawá*, es una trasformacion de *sa*.

Nos queda ahora por explicar el origen de *lawa* que
es lo que verdaderamente encierra el significado de dos:
proviene del tahitiano *a-rua*, ó más bien *rua*, quitando
la partícula enunciativa que ya conocemos. R, D, L, son
letras que vemos frecuentemente usadas unas por otras
en estas lenguas, asi que tenemos en malayo y bisaya,
dua, lo mismo que en ilocano y bicol, en pampango *ad-dua*
y en ibanág *due*. En Batangas he oído decir *daluá*; y
la voz *lawa*, más comunmente usada en Manila, es el
resultado de la insuficiencia de la escritura con carac-
teres tagalog.

Sobre el significado de esta voz, diré que en tahitiano
O-rua quiere decir, vosotros dos, ó sea el *dual* del pronombre de la segunda persona. *O*, es una especie de
artículo que se pone en dicha lengua delante de los
nombres propios y pronombres. Esta significación de
dual de la · segunda persona, nos parece más antigua
que la de la idea de cantidad que se desprendió de
aquella. Es inmensa el área linguística en que el radical *rua*, *dua*, tiene el mismo significado: en Europa, en
Asia, en Oceanía, cientos de lenguas emplean ese radical para expresar la misma cifra.

Al reflexionar sobre la palabra que nos ocupa se nos presentan al espíritu palabras de análogo sonido, cuyo significado participa también de la analogía de la forma, encerrando siempre una idea de dualidad. *Kalulua* ó *kalolowa* significa para los tagalog, según los diccionarios hechos por católicos, el alma, que según la comprendemos, era una concepción que los tagalog no podían tener y la que indudablemente no podían designar con la voz *Kalulua*. La significación de esta palabra es, "el doble de una cosa", lo que los egipcios llamaban el *"Ka"*; asi es que para los tagalog existia *Kalulua* para los animales y para los vejetales. La composición misma de la palabra nos viene á demostrar lo que decimos: *Ka* es una partícula prefija que convierte al radical á que se une en nombre sustantivo, dándole una significación de compañía, como ocurre en español con la partícula *con* ó *com* en *compañero, compadre, contrincante,* etc. etc.

—*Lulua* es la contracción de la repetición de la palabra *lua*, y en tagalog, entre los varios sentidos que la repetición tiene la propiedad de dar á las voces, está la de *imitación, representación,* como *fingimiento. Kalulua* tiene pues este significado: "como segundo de persona ó cosa." Otra palabra con este mismo ó parecido sentido es *larawan,* imagen, retrato: parece ser una contracción de la repetición *lawa,* como en *kalulua,* en la que la segunda *l* está cambiada en *r*, como ocurre con frecuencia, apareciendo al final la partícula sufija *an,* que dá el sentido de "ser hecho."

No solo en tagalog descubro una relación entre el nombre del número dos y la voz con que se significa el alma: en tahitiano se dice *varua* (*rua,* dos); en ibanag *ikararua,* advirtiendo que el prefijo *ika* es de número ordinal, de donde resulta la significación, aplicada á alma, "lo que hace como segundo"; porque la repetición del radical dá el sentido de "como imitando."

El Abate Favre, con otros malaistas, supone que *dua* malayo, es derivado de *dwi* sanscrito, lo cual no me parece admisible, no solo porque he demostrado que proviene del *dual* de la segunda persona en la lengua tahitiana, sino porque no era de esperar que, para denominar una cifra tan pequeña, tuvieran estas lenguas que recurrir al sanscrito, cuando para cifras mayores hallaron, sin recurrir á voces estrangeras, expresiones propias para denominarlas. En las lenguas polinesianas no existen voces de origen sanscrito y todos los nombres de número son de origen puramente local. Las semejanzas de sonido que se puedan hallar, no son más que coincidencias. Casi todas las lenguas europeas nombran la cifra dos con una voz de origen ariano: en casi todas las de Oceanía, ese nombre, de origen polinesiano, ofrece tan grande semejanza con la voz europea, que parecen ambas derivadas del mismo radical.

TATLÓ, tres. Según mi ilustre y sabio amigo el Dr. A. B. Meyer, los negritos de Mariveles y Zambales dicen *ta-telo*. Esta forma explica la del tag: en efecto, *tatló* debió ser en un día *sa-teló* ó *ta-telo*, haciendo notar aqui lo que con *dalawa*, la presencia de la partícula enunciativa *sa* trasformada en *ta* por el capricho ó más bien necesidades de la eufónia. Otra prueba de que la sílaba *ta* no es aqui más que una partícula enunciativa es que la vemos desaparecer cuando se forman números ordinales, lo que se hace en tag. añadiendo al nombre de número el prefijo *ika*: *ikalawa*, segundo: *ikatló*, tercero, en donde vemos que *dalawá tatló* han perdido las sílabas *da* y *ta*.

Telo ó *talo* se emplea en la mayoría de lenguas polinesianas: *a-toru* tahitiano, *tolo* en Rotuma, *telu* malgache; y en las lenguas filipinas, *tatlo* en bisaya con la misma formación que en tagalog *tatlo* en iloc; *tolo* en bicol; *a-tlú* en pampango donde vemos la enunciativa reducida á una vocal y *tolo* sufrir una contracción idéntica al tagalog; *tallu* en ibanag. En todos estos nombres se observa la permutación de *l, r*, como ocurrió en *dalawa*.

En tagalog el radical *tolo* significa "añadir el tercer hilo á dos ya torcidos para hacer una cuerda." Yo no puedo afirmar si *tolo* era primitivamente el nombre de una cosa, y esta era una cuerda ó si el nombre del número tres se aplicó á la cuerda por estar formada de esta cantidad de hilos ó torcidas: lo que parece claro es la relación de ambas espresiones. Muy probable es sin embargo que se llamara *tolo* á una cuerda compuesta de tres partes y que de aquí le vinó el nombre á la cifra que hoy significa. *Tali*, que en tagalog como en lengua malaya, significa cuerda, tiene también con el nombre del número que estudiamos gran analogía de sonido: quizas sea una forma moderna y *toló* una antigua. Me parece lógico suponer que antes de saber contar ya tenían cuerdas y se servían de ellas los pueblos cuyas lenguas nos ocupan, de donde se deduce prioridad á la significación de cosa.

La palabra *tolos*, ancla, es otra que consideraremos: las anclas usadas por los malayos tienen varias garras, pero más comunmente tres, como la de los europeos dos. Por otro lado *tali* tiene además en malayo significación de una "pequeña moneda". Mi sabio y querido maestro el Abate Favre, en su diccionario malayo, dice que este nombre debe sin duda su origen á que su valor (0,65 céntimos de peseta) es igual á cierto número de piezas de cobre, muy pequeñas, que van todas juntas, ensartadas en una cuerda, *tali*. Nos atrevemos á suponer que *tali*, de sonido semejante á *tolo*, se aplicó á esta moneda, no por la circunstancia que supone mi citado maestro, sino porque su valor es el de *tres wang*, siendo el *wang*, según H. C. Milliers, una moneda indígena.

APAT, cuatro. La primera letra de esta voz es lo único que queda de la partícula enunciativa *sa*, de modo que una forma más antigua en tagalog sería *sa-pat*, En javanés-ngoko, en el que tantas semejanzas se encuentran con el tagalog, se dice *pat* y también *papat*.

El tipo más sencillo, al mismo tiempo que más antiguo, de donde indudablemente proviene la voz *apat*, se encuentra en las lenguas polinesianas: en tahitiano, sund. marq. *ha*; samoano, *fa*, pero no veo en estas lenguas, entre las cosas que *ha* y *fa* significan, (peciolo de la hoja del taro, blanco para disparar flechas,) nada que parezca ser lo que dió motivo para aplicar la misma palabra á significar cuatro.

Según W. de Humboldt la voz que denomina la cantidad cuatro significa en muchas lenguas "acabado, terminado" lo que le hace sospechar un sistema de numeración cuaternario. El Abate Favre presta un apoyo á esta suposición haciendo observar que en javanes kromo *sakawan* significa la voz cuatro y "un conjunto, un todo" encontrándose la misma coincidencia de sentido, con una voz diferente, en la lengua tahitiana en donde *aha* significa cuatro, multitud, conjunto, compañía.

Esto viene á confirmar lo que he dicho en el artículo *isa*. El número cuatro representó en un día el máximum de la numeración de los polinesianos, hasta que el nombre de la mano se aplicó á significar cinco.

LIMÁ. cinco. Nombre común á casi todas las lenguas de la Oceanía: la *l* cambia en *r* ó *d* en algunas de ellas, pero la palabra es la misma, y, en muchas, la significación primitiva de *lima* se conserva al mismo tiempo que la significación de cantidad que vino de aquella. Ya hemos dicho que significa mano, que tiene de común con la cifra cinco el número de dedos: esta significación se conserva hoy día en las lenguas bugui, makasar, sandwich, ibanag, etc. etc. En tagalog existe una palabra derivada de *lima* mano que es *lamas* y quiere decir *manosear*, apretar, estrujar entre las manos. En ilocano la mano se dice *ima*.

Algunos pueblos de Africa son incapaces de contar números superiores á tres. Es seguro que en una época contaron los polinesianos solamente hasta cinco: hoy mismo los Basis y las habitantes de la bahía de Triton, en la nueva Guinea, tienen una numeración quinal con la que llegan hasta la sifra 10: los primeros dicen;

1.	ben	4.	nianett
2.	gar	5.	gurum
3.	niet	6.	gurum ben
7.	gurum gar	9.	gurum nianett
8.	gurum niet	10.	gurum gurum.

Y los de la bahía de Triton:

1.	samosi	6.	rimsamosi
2.	rueti	7.	rimrueti
3.	turu	8.	rimturu
4.	faat	9.	rimfaat
5.	rimi	10.	rimrimi

Los mismos tagalog al servirse hoy día de piedrecitas ó sigais para hacer sus cálculos y sus operaciones aritméticas, proceden por agrupaciones de cinco del mismo modo que un español, si contara con las mismas piedras, las agruparia por decenas. Y es que en tagalog existe presentemente la numeración quinal no solo en la forma que decimos sino también en la numeración hablada. En algunas provincias se sirven de las expresiones siguientes: 5. sang kamay (una mano); 10, dalawang kamay (dos manos): 15, tatlong kamay (tres manos), por grupos de cinco hasta llegar así á 45. Para decir 50, con el sistema de multiples de la mano, se diría una palabra bastante complicada: *dalawang kamay na kamay* (dos manos de mano). En ningún diccionario tagalog he visto señalada la significación de cinco que se dá á *kamay*, ni tampoco la numeración que acabo de indicar.

Cuando se contaba por grupos quinales, al número 50 debió aplicarse el calificativo *varios* que en época más remota, comprendía, como dijimos en el artículo de *isa*, de dos para arriba.

ANIM, seis. Repetiré aquí lo que me parece fuera de duda que, delante de cada nombre de número, en una época remota, se ponía la partícula enunciativa *sa*, cuyos rastros vemos en *anim*. Tenemos por consiguiente que considerar solàmente *nim* al buscar el origen de la voz que denomina la cifra seis en tagalog.

Entre las lenguas polinesianas, ninguna tiene una voz que se asemeje tanto al tagalog como la lengua hablada en Timor-Laut, grupo de islitas situado entre Australia y Nueva Guinea, descrito y estudiado por Forbes: esta voz es *enim*. En dicha lengua, dicho sea de paso, todos los números, de uno á diez, tienen gran parecido al tagalog; esa, eru, etelo, efat, elima, enim, efitu, ewalu, esi, esapulo. Escusado parece decir que la *e* que precede estos nombres es una enunciativa, la misma que *sa* en tagalog. No tengo, de la lengua referida de Timor-Laut, más que una corta lista de palabras, con la que no me es posible saber si *nim* ó *ni* tiene otro significado además del de la cifra seis.

Una forma más sencilla del nombre *anim* nos presentan las lenguas tetu y lekale, habladas en él Este de Timor, isla situada en la extremidad oriental del archipiélago de la Sonda: esta forma es *ne*.

He aquí una série de trasformaciones de la voz que nos ocupa: tetu y lekale, *ne;* javanés-ngoko, *nem;* timorlaut, *enim;* malgache, *enina;* malayo, *anem;* tagalog, *anim;* bali, *anam;* madurés, *nanam.*

En sundanés se sirven de una voz completamente distinta: genap (se pronuncia guenáp), que significa "completo" en muchas lenguas (javanés, malayo, batta, etc.,

etc.,) lo que parece indicar que en Sonda, hubo un sistema de numeración que llegaba solo á seis, del mismo modo que en polinesia hubo un sistema cuaternario, como dijimos en el artículo *apat*.

PITÓ, siete. Nombre común á la mayoría de lenguas malayo polinesianas, en donde lo vemos variando su primera consonante en *h*, *f* ó *p*, y su última vocal en *o u*, indiferentemente. Marquesano, tahitiano, *hitu;* sandwich, *hiku:* samoano, *fitu.*

La forma primitiva de esta voz fué *fiatu*, cuyo origen y formación se pueden aun explicar con la lengua samoa; en esta, una forma anticuada del número tres es *fia* y la palabra *tu* significa *cortar, quitar, suprimir.* El sentido de esta voz compuesta, *fiatu* ó su contracción *fitu*, que es *tres suprimir,* se refiere á los dedos de ambas manos reunidos: de diez dedos se suprimen tres, quedan siete. Más adelante veremos la aplicación de este sistema en casi todas las lenguas de la Oceanía.

Volviendo á los radicales *fia* y *tu*, estudiaremos sus significados en otras lenguas polynesianas. El tahit. *firi* y sam. *fili*, significan trensar y el sand. y marq. *fio* tienen la misma significación. Aquí aparece que la palabra *fia* ó sus trasformación *fio*, *fili*, *firi* significan *tres* y un objeto en el cual la cantidad tres entra para algo, como la trensa. Lo mismo hemos notado con *tatlo* que, difiriendo completamente de *sia* y sus derivados, tiene la misma comunidad de significación, lo cual prueba que aquella significación de *tres* y de *cuerda* ó *trensa* no es una simple coincidencia y viene en apoyo de lo que decimos en este párrafo, del mismo modo que lo dicho aquí apoya aquello.

Tua significa también *cortar* en tahit. Antiguamente se decía *tu;* pero un rey así llamado, prohibió, según uso tahitiano, el empleo de este sílaba en la lengua. En marq. y sand. *tua*, que significa también cortar, tiene además el sentido de *cosechar.*

En malg. se dice *fitu:* en javanés ngoko *pitu* y últimamente tagalog *pitó.* En mal, se usa una voz que por separarse por completo del tagalog no nos interesa aquí su estudio: se dice *tudju*, lo mismo que en makasar.

WALÓ, ocho. Podrá haber estrañado la explicación que acabo de dar de la formación y sentido de la palabra *pitó*. En cuestión de derivaciones y de etimología, fácilmente se penetra en el terreno de la fantasía, y con consecuencias muy lógicas se puede llegar á probar los absurdos más grandes. Prevenido contra este escollo y teniendo como la sensación de que, en el espíritu de algunos, con la explicación de *pitó*, he despertado la duda haciendo sospechar que he incurrido precisamente en eso que quiero evitar, en hacer fantasía, he de principiar por algunas consideraciones sobre uno de los nombres que recibe el número ocho en las lenguas malayas, para que sirva de prueba, por analogía, á lo dicho sobre *pitó*.

Al lado de la voz *waló*, con más ó menos variaciones usada en polinesia, emplean las lenguas que más se acercan al tipo malayo, las voces *delapan* y *karua*. En mal, sundanés y achinés, se usa *delapan*: es su origen sundanés según J. Rigg, en cuya lengua *dua* significa dos y *lepan* doblado. Refiriéndose á los dedos de las dos manos, que son diez, dos doblados, nos dejan ocho. Según mi ilustre amigo el sabio orientalista Mr. Aris. Marre, en las islas de Arru, se emplea la voz *karua* formada de *ka* cuatro y *dua* ó *rua* dos: es decir, cuatro dos igual á *ocho*. Ahora parecerá muy natural que á *pitó* le atribuya yo la formación que he explicado y que es del mismo carácter que la de *delapan* ó *dualepan*.

Viniendo á nuestro *waló* tagalog, debo confesar que me ha dado mucho que hacer. Su forma más antigua me parece ser *walo* ó *varu* que se encuentra en samoa, tahitiano, sandwich y marquesano. Su formación creo yo que sea esta: *va-lua* ó bien *va-rua*. *Va* y también *iva* significan en samoa *espacio entre dos cosas, vacío entre dos objetos ó cosas*. *Rua, lua* ó *dua* significan dos como ya vimos en otro lugar. *Valua* ó *varua* ó simplemente *valu* tendría el sentido de *espacios dos*, refiriéndose á dos manos unidas que tenemos que suponerlas así desde que descubrimos el sentido de *pitó* y *delapan*: los *dos espacios* ó *vacíos* ocasionados por la falta de dos dedos, reducen á ocho los que quedan para contar en ambas manos.

Puede no satisfacer á muchos esta explicación, no porqué parezca ilógica, sino porque era de esperar que se usara la misma voz que en *pitó* indicó la sustracción: en uno se dice expresamente quitados dos ·y en otro la idea de desaparición de dos es secundaria y como consecuencia de dos espacios ó varios, en el lugar cn donde debía haber dos dedos. Esto no significa, en todo caso, más sino que no se ha adoptado la misma palabra para expresar la misma idea. Lo principal es que la formación de *pitó* y *walo* responde á una misma idea, á un mismo sistema de representación objetiva de cifras. Los números se fueron formando según las necesidades: no había reglas generales para su formación, porque de haberlas se hubiera llegado á *contar lo incontable* como ocurre ahora con nuestro sistema, que nos permite hacer cálculos y amontonar tales cifras, que nuestra imaginación, se puede afirmar, no las llega á comprender. No habiendo pues una regla general, facil es concebir como *pitó* tubo una formación y *walo* otra, habiendo en ambas palabras de común, que se fundan en una sustracción operada sobre la cantidad diez, representada por los dedos de ambas manos

SIAM, nueve. Vamos ante todo á demostrar que la forma actual de la palabra tagalog, es el resultado de una série de trasformaciones de la voz *iva* que significa este mismo número en las lenguas, tahitiana, marquesana sand. y samoa. Al pasar al novo-zelandés su *v* se convirtió en *w* y se formó *iwa:* en la isla de Rotuma se añadió una *ch* y quedo *chiva* y también *chivu:* la letra añadida fué *s* en firakú (en el E. de Timor), en donde, además, se convirtió la *v* en *b* quedando la voz trasformada en *siba* y en las lenguas tetu y lekale suprimiendo la consonante intermedia *s*, se dijo *sia*. Por razones de fonética, las lenguas filipinas han añadido una *m* última y tenemos actualmente la voz *siam* cuya derivación acabo de demostrar. Hemos dicho en *walo* que la significación de *vá* era "espacio": *iva* es su sinónimo y en aquella palabra se le añadió la voz *rua* ó *lua* ó sus contracciones *lu*, *ru*, por que se trataba de *dos espacios:* aquí que no se trata más que de *un vacío*, no ha tenido que añadirse complemento alguno, aunque me parece muy posible que la *s*, que le precede en tagalog, sea un vestigio de la partícula enunciativa *sa* que ya he dado á conocer en otros artículos de este estudio. Esta palabra viene á apoyar mi opinión sobre la composición de *varu* ó *valu*. Del mismo modo la formación de *delapan* se vió confirmada cuando se supo que, para espresar la cantidad nueve, se usaba en las mismas lenguas la voz *salapan*, cuyo sentido es, uno *(sa)* quitado *(lapan)*. En mal, se dice *sambilon*, nueve, formado de *sa*, uno y *ambilan* siendo quitado. En achinés se dice *sakurang; sa*, uno; *kurang* (parecido al tagalog *kulang*,) falta.

Los números 7, 8, 9. se expresan en lengua de Palaos siguiendo este mismo precedimiento. Uno, dos. tres se dice: *reb, rub, adolib* y anteponiendo á estas voces el prefijo *me* se tiene formado el nombre de las cifras 7, 8, 9. Yo no sé cual sea el significado propio del indicado prefijo *me*, pero sabiendo el sistema generalmente empleado en Oceanía, lógico es suponerle un significado de *sustracción: medilib*. siete, compuesto de *me* y una contracción de *adolib*, tres: *merub*, ocho (*me* y *rub*, dos): *mereh*, nueve (*me* y *reb*, uno).

En vista de tantos y tan repetidos ejemplos no cabe dudar ni buscar nuevas pruebas: las palabras usadas podrán ser distintas en la forma, pero no en el fondo y todas nos revelan una misma idea en el sistema de numeración.

Si el nombre de *lima*, cinco, que significa también la mano, no nos hubiera puesto en la pista, si se me permite espresarme así, quizás no hubiéramos llegado á comprender el significado de 7, 8, 9; pero una vez provistos de aquel dato, relacionamos el sentido de las palabras que denominan estos números, con la existencia de *diez dedos* de las dos manos, que son los que constituyen el sistema de esta numeración, y no podemos dudar que las etimologias dadas á números tagalog, son no solo lógicas, sino verdaderas.

SAÑGPÓO, powo, polo. diez. Como los números 7, 8, 9, se llaman, como hemos visto, basándose en la cifra diez representada por los dedos de las dos manos, natural es que el nombre de 10 signifique al propio tiempo ambas manos ó cosa que se refiere á ellas.

Ya he dicho en el artículo *limá* que los tagalog emplean la expresión *dalawang kamay*, dos manos, por decir diez: también dije que eran estas expresiones, testimonio de la existencia de una numeración quinal antigua con la que no se podía contar más que hasta 49 ó 50. Podía realmente contarse más allá de esta última cifra, pero á fuerza de repetir la voz *kamay* se habría llegado á la formación de una palabra incomprensible y complicada. El día que la cantidad diez llegó á expresarse por una palabra sola y propia, la numeración pudo fácilmente ir hasta. una cifra doble de la que expresaba el sistema quinal, y se pudo decir 99 y también 100.

En muchas lenguas de las que me ocupan, veo una relación entre el nombre de diez y el de una medida. El marquesano *tipoo*, que significa una medida de un palmo. está compuesto de una contracción de *piti*, tahitiano, que significa uno, y de *poo*, palmo de la mano; lo que demuestra que, como los europeos, se sirvieron de las manos para medir. De aquí probablemente se derivó la forma *tipa* del tagalog, que significa precisamente el palmo como medida. El samoano *fua*, quiere decir diez y también una medida, no és cual; pero no sería ilógico suponer fuera el palmo ó algo que se relacionara con alguna de las dimensiones de la mano. Aquí tenemos ya una relación entre el núm. 10 y una medida con la mano.

En el tagalog antiguo, según Noceda y S. Lucar, diez se decía *toro* y esta voz significa, en pampango, un geme que en tagalog se dice *tumuro* (*um*, interfijo). Este mismo vocablo significa en ilocano "un ancho de dedo". La verdad es que, *turo* pampango, significa más bien el ancho de dos manos puestas juntas una al lado de la otra; anchura total que también se mide por la distancia de la extremidad del pulgar y de la del dedo índice estendidos: de allí que este último recibió en tagalog el nombre de *hintuturo*. Más tarde, en tagalog, *turo* recibió la significación de *apuntar*, *señalar*, por ser sin duda acción para la cuál se emplea el dedo índice.

El sentido de muchas palabras me hace ver que las medidas las tomaban con el *ancho* de los dedos ó de las manos. Del mismo modo que la vara tenía distintas proporciones en las provincias de España, los nombres de medidas se referían también en Filipinas á longitudes no siempre iguales entre las diferentes agrupaciones étnicas, ó, con más propiedad, lingüísticas. El geme, que en pampango y tagalog tenía la anchura de dos manos juntas. solo comprendía en ilocano la anchura de cuatro dedos; es decir, una palma de mano (sin comprender el pulgar). Dice el diccionario del P. Carro: "*sañgapat tamodoan*, un geme", cuya traducción, al pié de la letra, es: cuatro *tamodos* (de *todo* con el interfijo *am*) Los bicoles medían también por la anchura de la mano y decían: *dapalan nin palad*, ancho de la palma. En pampango, al lado de *toro*, tenían el *damak*, "medida de cinco dedos

que es la mano á lo ancho ', según Bergaño; y no se
crea que *damak* signifique la mano ni se asemeja á la
voz que designa esta en pampango. Una forma poco
usada en el día, en bicol, para decir diez es, *tagnob*,
voz que hemos hallado en pampango trasformada en
sapna que quiere decir, "cargar con las palmas de las
manos". De nuevo tenemos aquí la comunidad, que he
señalado, de *significación de diez* y de algo que se hace
con las *dos manos* ó las respresente unidas. Tantas repe-
ticiones en esta doble significación, que se explican teniendo en cuenta lo dicho y observado en los números
7, 8, 9, no pueden ser hijas de la casualidad y nadie se
atreverá á calificarlas de pura coincidencia.

Me parece, pues, poder afirmar que las palabras usadas hoy día en algunas lenguas malayo-polinesianas
para designar la cifra diez, son trasformaciones de forma
y sentido de palabras que, primitivamente, sirvieron para
designar una actitud de ambas manos. Pero el tagalog
sangpoo es una contracción de *sang polo*. Es inutil pre-
tender que *polo* deriva de *toro*: tampoco se tiene que
recurrir á las lenguas polinesianas: la explicación la tenemos en las mismas lenguas filipinas, en muchas de las
cuales *pulus, polon*, significan totalidad, conjunto, todos,
sentido que, aplicado á los de los de ambas manos, indicó
el número diez.

LABINISÁ, once; LABINDALAWÁ, doce; LABINTA-
TLÓ, trece; etc. etc., etc.

Con los nombres anteriores los tagalog tenían la base
para la numeración decenal. Del mismo modo que para
nombrar 7, 8, 9, se sobreentendía diez al decir, menos
tres dos ó uno, así también, para decir 11 á 19 se decía
más uno, más dos, etc., etc., sin decir diez. Efectivamente,
en tagalog *labin isa*, 11; *labin dalawa*, 12, etc., etc., significa *sobra*, es decir, *de más uno, de más dos*, callando "diez"
á que al decir *de más* se hace referencia. En malgache
se siguió el mismo procedimiento; *fuluraikamby*, diez uno-
más; en malayo se dice *sa blas, dua blas*, sin que hasta
ahora los lingüistas hayan hallado la significación propia
de *blas, belas* ó *welas* del malayo y del javanés.

DALAWANGPÓO, veinte; TATLONPÓO, treinta etc.,
etc., no necesitan explicación después de lo que acabamos de decir, pues su sentido se comprende facilmente.

SANDAAN, un ciento; DALAWANDAAN, dos cien-
tos; etc. etc. De la centena para arriba, la significación
propia de las voces que designan las cifras, en las lenguas polinesianas, es: *mucho, gran número innumerable*, etc.
etc., palabras que. aunque no determinan ninguna cantidad.
significan una cifra dada que varía según las necesidades de cada pueblo y su grado de cultura.

En tahitiano se aplicó el nombre de *rau*, mucho, á la
cifra 100: fué sin duda el mayor número que pudieron
ó tuvieron necesidad de expresar. En Samoa la misma
voz, cambiando la *r* en *l*, *se-lan*, un mucho, se aplicó
asimismo á igual número. En malayo ciento se llama *sa-
ratus*, voz que, más ó menos modificada hallamos en malgache, *zatu*; en javanés-nğoko, *satus*; en ibanag *gatut*; bicol
y bisaya, *gatos* y en ilocano *gasut*. ¿Provienen estas expresiones de la raiz tahitiana *rau*? Es posible y probable que en un principio esta voz representada por el radical malayo *ratus*, careciera de *r*, en cuyo caso no ven-
dría de *rau*, que acabamos de decir, sino de *atus ó atos*.
Así lo vemos efectivamente en javanés kromo y en la
lengua de Bali; otras veces en lugar de principiar con *r*
lo encontramos con *g* (ibanag-bicol, bisaya é ilocano) ó
con *s ó z* (javanés-nğoko y malgache). J. Rigg, explica
en su diccionario sundanés, que *atus ó tus* es una abre-
viación de *tutus*, nombre de una cuerda de bambú que
los sondaneses usan para contar y sobre la cual hacen
unas marcas: cada decena se indica por un intérvalo y
diez de estos intérvalos completan el número ciento y
llenan el bambú ó *tutus*, por lo cual dirían *un tutus, sa-
tutus*, de donde la contracción *satus*.

La palabra usada en tagalog, *daan* no proviene evi-
dentemente de ninguna de las que acabamos de exami-
nar. En pampango se usa la voz *dalan*. Ambas voces
significan además en las dos lenguas, camino, paso, pasar,
en sentido propió y figurado. Ya hemos dicho que, según
los diccionarios antíguos, los pampangos y los tagalog
"se servían para contar de unos palillos". No sabemos
la forma que tuvieran, pero es probable que fueran *varios*,
puesto que dicen "unos palillos" y siendo así, su número
pudo ser de diez. Dado esto, pudiera ser que, del mismo

modo que los sundaneses decían *un tutus* para cada bambú lleno de señales de diez, los tagalos después de contar ciento con sus palillos, como tenían que volver á contar con los mismos, decían *sandaan*, un pase, es decir: contados una vez, que era decir ciento, puesto que para concluir con su cuenta se llegaba á esta cantidad. En pampango se dice *dinalan*, es decir, "se pasó".

SANGLIBU, un mil. Para expresar esta cifra han empleado los marquesanos, lo mismo que los sandwichs, la voz *mano*, mucho, de idéntica significación que las que los tahitianos y samoas, como dijimos antes, aplicaron á ciento. Estos últimos tienen el vocablo *afe* para expresar mil y los tahitianos han tenido que formar una palabra nueva, *tawatimi*, compuesta de *tawa* pronombre demostrativo y de *timi*, incontable innumerable. Las lenguas malayas emplean una voz de orígen extranjero: *ribu*, que en tagalog hace *libu*, proviene según mi maestro el abate Favre del hebreo *ribbo*, por el intermedio del árabe, aunque es verdad que *ribbo* en hebreo y *ribet* en árabe significan diez mil; pero, como pronto veremos, los malayos, al adoptar nombres sanscritos de cifras elevadas, han confundido su verdadero significado y las han consagrado á nombrar números diferentes que en la lengua de donde los tomaron.

LAKSA, diez mil. Esta cantidad tiene nombre propio en muchas lenguas polinesianas. Ya hemos visto que la voz *mano*, gran número, gran cantidad, se aplicó en marquesano y sandwich á significar mil: en Samoa la emplean para señalar diez mil. En malayo, makasar, sundanes, javanés, dayak, lo mismo que en la mayoría de lenguas filipinas, se dice *laksa*, voz de orígen sanscrito, cuyo significado en aquella lengua es de cien mil.

No pára aquí la denominación especial para números de una cantidad elevadísima. El tagolog emplea aún la siguiente:

YOTA, SANGYOTA, cien mil: *Sang* es una forma del numeral uno. En sanscrito *ayuta* significa solo diez mil, por lo que se ve que, en tagalog, se ha permutado la significación de *laksa* y *ayuta*.

3

III

Después de este pequeño estudio se pueden sacar las siguientes conclusiones:

El origen del nombre de los números tagalog es triple: 1.° origen polinesiano, el más antíguo, el de la primera numeración; oceaniano, porque es común á casi todas las lenguas malayo-polinesianas: 2.° orígen própio: 3.° orígen extranjero, árabe ó hebreo (que para mi modesta opinión es lijeramente dudoso) y sanscrito.

La presencia de los nombres sanscritos significando números tan altos como diez y cien mil no debe hacernos sacar una falsa conclusión, á saber: que la numeración, por las necesidades materiales de estos pueblos, tuvo que admitir esos nombres para la facilidad de sus cálculos. La introducción y la adopción de esas voces no ha tenido un fin práctico, y es en la poesía, en los cuentos, en la literatura, en fin, de orígen hindu, tan llena de exageración oriental, ó más bien infantil, que encontraremos la razón del uso de tales voces.